ABSORPTION

ACTION PHYSIOLOGIQUE ET THÉRAPEUTIQUE

ÉLIMINATION

ET

TRANSFORMATION DE LA QUININE

DANS L'ÉCONOMIE

PAR

Césaire-Gustave GUYOCHIN

Docteur en médecine
Pharmacien de 1re classe de l'Ecole supérieure de Paris,
Ex-Interne des hôpitaux et hospices civils de Paris,
Médaille de bronze à l'Assistance publique (1872).

PARIS
IMPRIMERIE ADMINISTRATIVE DE PAUL DUPONT
Rue Jean-Jacques-Rousseau, 41 (Hôtel des Fermes).

1872

ABSORPTION

ACTION PHYSIOLOGIQUE ET THÉRAPEUTIQUE

ÉLIMINATION

ET

TRANSFORMATION DE LA QUININE

DANS L'ÉCONOMIE

PAR

Césaire-Gustave GUYOCHIN

Docteur en médecine
Pharmacien de 1re classe de l'Ecole supérieure de Paris,
Ex-Interne des hôpitaux et hospices civils de Paris,
Médaille de bronze à l'Assistance publique (1872).

PARIS

IMPRIMERIE ADMINISTRATIVE DE PAUL DUPONT
Rue Jean-Jacques-Rousseau, 41 (Hôtel des Fermes).

1872

INTRODUCTION

L'absorption, la transformation et l'élimination des substances minérales et organiques utilisées en médecine, ont été, jusqu'ici, très-peu étudiées. Les matières organiques, en particulier, ont été presque entièrement négligées. N'est-ce point là, cependant, un but de recherches plein d'intérêt ? Les difficultés du sujet, surtout en ce qui concerne les composés organiques, ont sans doute découragé plus d'un investigateur. Mais la chimie biologique est née ; son étude va ouvrir des horizons nouveaux, combler un vide immense. Aussi, espérons-nous que, en partant de substances bien étudiées, en suivant leur passage dans les réseaux les plus éloignés de la circulation, dans l'intérieur même des tissus, en examinant à leur sortie de l'organisme leurs combinaisons, leurs dédoublements, leurs transformations, leur destruction, nous pouvons arriver, avec les données acquises, à suivre à leur tour les substances moins bien connues. L'étude physiologique de la digestion et de la nutrition ne peut-elle pas nous servir de guide ? N'y suivons-nous point pas à pas les modifications que subissent dans l'économie les substances alimentaires ? N'y voyons-nous pas la matière amylacée devenir dextrine et la dextrine à son tour devenir glucose ? Les matières protéiques, encore mal définies, échappent davantage à notre observation. Qu'il nous soit permis de dire que nous aurons touché de près au secret des fonctions vitales quand nous connaîtrons toutes les transformations des matières albuminoïdes dans l'organisme. La médecine, considérée comme art de guérir, ne sortira réellement des ténèbres de l'empirisme où elle est encore en partie plongée, que du jour où nous saurons comment les médicaments guérissent, comment ils s'absorbent, par quelles voies ils s'éliminent, quelles modifications ils subissent dans nos humeurs, sur quel point de l'organisme ils portent spécialement leur action et quels changements aussi ils font subir à nos tissus.

La première partie de notre siècle a déjà vu la thérapeutique faire un grand pas, quand, éclairée par le flambeau de la chimie moderne, elle rejeta les formules complexes, l'assemblage informe de substances souvent inertes et incompatibles, pour adopter un nouvel ordre de médicaments, de corps homogènes bien définis, dont il devenait possible de déterminer le rôle dans l'organisme. A notre génération appartiendra, nous l'espérons, l'honneur d'avoir su profiter de ce progrès remarquable et d'avoir déterminé l'action physiologique et thérapeutique, les transformations opérées et subies par chacun des agents distincts que la médecine utilise dans l'art de guérir.

Pour nous, notre rôle est plus limité et plus modeste; nous nous sommes proposé, dans ce travail, d'étudier l'absorption, l'action physiologique et thérapeutique, la transformation et l'élimination de la quinine. Nous aurons, à défaut d'autre mérite, celui de ne point nous être laissé rebuter par les difficultés d'un sujet neuf et ardu.

Notre travail est divisé en quatre parties. La première est consacrée à l'absorption de la quinine. Nous y étudions les lois qui président à l'absorption et les différentes voies par lesquelles elle peut se faire.

La deuxième traite de l'action physiologique et thérapeutique. Nous y passons en revue les opinions des principaux auteurs sur ce sujet, en y ajoutant l'idée que nous nous en sommes faite. Les travaux récents qui ont paru sur la transformation de la quinine ont modifié quelque peu les anciennes théories.

Le chapitre troisième traite de l'élimination de l'alcaloïde. Nous y suivons le même ordre que pour l'absorption, en y insistant particulièrement sur l'élimination par l'intestin qui a été jusqu'ici complétement négligée. Nous avons également constaté la présence de l'alcaloïde dans le sang; des recherches ultérieures seront nécessaires pour démontrer si la quinine y est encore intacte ou déjà modifiée.

Le chapitre quatrième est réservé à l'étude des modifications qu'a subies l'alcaloïde. Nous avons constaté (et en cela nos résultats ne concordent point avec ceux de M. Kerner, le seul auteur qui ait étudié ce sujet) que la quinine introduite dans l'organisme est éliminée à l'état de quinidine. Nous donnerons en détail, au Chapitre IV, le procédé que nous avons suivi pour arriver à ce résultat.

CHAPITRE PREMIER.

DE L'ABSORPTION.

Il est d'un haut intérêt pour le médecin et le thérapeutiste de connaître le temps nécessaire pour l'absorption et, partant, l'action physiologique de la quinine. De ces connaissances, il est, en effet, facile de déduire un mode rationnel d'administration ; et à des maladies se présentant par intermittences, par paroxysmes, on pourra, grâce à ces données, opposer en temps opportun une quantité suffisante du remède spécifique. Les urines permettent de constater la présence de l'alcaloïde aussitôt qu'il est passé en quantité suffisante. M. Briquet dit qu'on ne peut faire cette recherche dans le sang qui est alcalin et qui, additionné d'acide, décompose le réactif. Cette remarque de M. Briquet ne nous paraît pas exacte. Il est vrai, en effet, qu'on ne peut pas constater dans le sang la présence de l'alcaloïde en y versant directement le réactif, mais il est facile d'y voir manifestement la quinine en coagulant l'albumine du sérum, l'évaporant, traitant le résidu par l'alcool absolu, évaporant de nouveau, reprenant par l'eau légèrement acidulée, filtrant et traitant par le réactif.

Les réactifs à l'aide desquels on peut constater la présence de la quinine (nous disons une fois pour toutes la quinine sans nous occuper des transformations qu'elle aurait pu subir) et des autres alcaloïdes dans l'urine ou dans d'autres liquides sont nombreux. Nous dirons quelques mots sur les plus usités pour faire ressortir leurs avantages et leurs défauts respectifs.

Un des réactifs les plus anciens et le plus usité, est celui du professeur Bouchardat. En voici la formule :

Iodure de potassium. . . . . 12 gr.
Iode. . . . . 5 gr.
Eeau distillée. . . . . 250 gr.
Mêlez.

M. Briquet, qui s'en est beaucoup servi et qui n'a même employé que ce seul réactif dans toutes ses recherches, en a modifié la formule de la manière suivante :

Iodure de potassium . . . . 8 gr.
Iode. . . . . 5 gr.
Eau distillée . . . . 250 gr.
Mêlez.

Ce réactif donne avec l'urine contenant de la quinine un précipité brun marron, couleur poudre de cannelle, qui se redissout après quelques instants; il faut donc ajouter, pour avoir un précipité constant, un excès de réactif. Ni la formule primitive de M. Bouchardat, ni celle modifiée de M. Briquet ne sont, du reste, d'une exquise sensibilité. C'est ce qui nous explique comment M. Briquet, dans ses consciencieuses recherches, n'a pas toujours trouvé l'alcaloïde là où il n'existait qu'en minime quantité. Je n'en donnerai pour preuve que la discussion qui s'est élevée en février et mars 1872, à l'Académie de médecine, entre MM. Mialhe et Briquet et M. Vulpian au sujet de la solubilité et de l'absorption du tannate de quinine. L'erreur de MM. Mialhe et Briquet ne venait, comme nous avons eu l'honneur de le démontrer avec M. le professeur Vulpian, et, comme M. Briquet l'a reconnu lui-même, que du peu de sensibilité du réactif dont s'étaient servi les premiers observateurs.

Un des meilleurs réactifs, celui, du reste, que nous avons presque toujours employé, est l'iodure double de mercure et de potassium. Ce réactif assez ancien a été de nouveau étudié en 1862 par M. Valser, qui l'a même appliqué à la détermination de l'équivalent d'un certain nombre d'alcaloïdes. Voici la formule dont il s'est servi :

Iodure de potassium. . . . . . 10 gr.
Eau distillée . . . . 100 gr.

Faire dissoudre et ajouter biiodure de mercure en quantité suffisante pour qu'il en reste un excès non dissous.

Agitez et filtrez.

Ce réactif a l'inconvénient de précipiter l'ammoniaque. Il suffit d'être prévenu pour éviter l'erreur. La formule qu'a donnée M. Mayer n'est qu'une variante de la précédente :

Eau distillée.	1000 gr.
Sublimé corrosif.	12 gr. 546.
Iodure de potassium	49 gr.

Mêlez.

Avec un centimètre cube de cette solution titrée, on précipite 0 gr. 0108 de quinine, 0 gr. 0200 de morphine, 0 gr. 0167 de strychnine, etc., etc. Les précipités que donnent ces réactifs avec les urines contenant de la quinine ne se redissolvent pas. Quant à leur sensibilité, elle est extrême: ils décèlent des traces d'alcaloïdes. Nous ne ferons que citer quelques autres réactifs : l'iodure double de zinc et de cadmium, l'acide phosphomolybdique, le tannin qui précipite indistinctement toutes les urines et de plus donne avec l'alcoloïde un précipité en partie soluble.

La quinine introduite dans l'organisme passe dans le sang et s'élimine en grande partie par les urines. Voici les lois principales relatives à l'absorption : nous les empruntons en partie à l'ouvrage remarquable de M. Briquet. On peut leur adresser le reproche fondé de s'appliquer aussi bien à l'élimination qu'à l'absorption, puisque c'est par l'élimination que la lenteur comme la rapidité de l'absorption sont mesurées. Les lois véritables de l'absorption de la quinine devraient être basées sur des recherches de l'alcaloïde dans le sang ; encore faudrait-il distinguer entre le sang veineux et le sang artériel, et les différentes parties du corps où ce sang aurait été épuisé.

1° Le moment de l'apparition du précipité est d'autant plus rapproché de celui de l'ingestion du sel de quinine dans l'estomac, que la quantité en a été plus grande.

2° L'abondance du précipité est toujours en raison directe de la quantité de sel ingéré.

3° La constance du précipité est en raison directe de la quantité de sulfate ingéré. Au-dessous de 15 centigr. par jour chez l'adulte, il ne faut pas compter sur l'absorption. Selon nous, le mot absorption n'est pas exact ; il faudrait dire la constatation de la présence de l'alcaloïde dans l'urine n'est pas possible ; car, quelque minime que soit la quantité de quinine administrée, l'absorption se fait, mais les réactifs sont impuissants à la démontrer.

A des doses de 5 centigr. à 1 gr., il ne faut compter sur une action thérapeutique qu'après une heure en moyenne. J'ajouterai à ces conclusions relatives au sulfate de quinine les suivantes :

1° Les autres sels de quinine passent dans le sang,

comme le sulfate, en raison directe de la quantité p. 100 de quinine qu'ils contiennent.

2° La rapidité de leur absorption est en raison directe de leur solubilité respective.

3° La lenteur de leur absorption et de leur élimination est en raison directe de leur insolubilité.

4° La tolérance varie avec les âges et les sexes : elle est faible chez le vieillard, relativement grande chez l'enfant. Dans l'âge adulte les hommes tolèrent facilement la quinine, les femmes, au contraire, n'en supportent que des doses beaucoup moindres.

Les lois que nous venons d'énoncer s'appliquent à l'absorption de la quinine par l'appareil digestif. Elles sont également vraies pour l'absorption par la voie intestinale.

L'absorption par la voie pulmonaire, à l'aide d'eau pulvérisée contenant la quinine en suspension, est trop peu connue et aussi trop peu usitée pour que nous nous y arrêtions.

L'absorption par les frictions sur le derme, l'application sur les muqueuses et le derme dénudé sont des moyens trop infidèles pour que nous cherchions à en fixer les lois.

La voie hypodermique, au contraire, mérite toute notre attention. Si elle offre quelques légers inconvénients, elle se recommande par de sérieux avantages :

1° La rapidité et la sûreté d'action : on sait exactement quelle dose est absorbée, ce qu'on ignore par la voie digestive ;

2° L'immunité que conserve l'appareil digestif;

3° L'économie du médicament : cette question, quoique secondaire, peut avoir parfois son importance, vu qu'on obtient les mêmes effets avec une dose de quatre à cinq fois moindre. Voici quelques formules de solutions pour injections hypodermiques; je les donne afin de signaler les mauvaises et de recommander celles qui nous semblent bonnes.

Eau distillée. . . . . 10 gr.
Sulfate de quinine. . . . . 1 gr.
Acide sulfurique. . . . . q. s.

Faites dissoudre.

Cette formule a l'inconvénient de produire souvent des eschares à cause de l'acide sulfurique libre qu'elle contient presque toujours. Pour obvier à cet inconvénient, on a employé comme dissolvant, au lieu d'acide sulfurique, l'eau de Rabel qui n'est qu'un mélange d'acide sulfurique et d'alcool. Ce dissolvant offre aussi des inconvénients à cause de ses propriétés irritantes et coagulantes. M. Claude Bernard, dans ses expériences, a substitué avantageusement l'acide tartrique à l'acide sulfurique dans les formules précédentes. Pour ne pas introduire de corps étranger dans la formule, nous proposons la suivante :

Eau distillée. . . . . 8 gr.
Bisulfate de quinine cristallisé . . 1

Faites dissoudre.

Cette formule aura l'avantage de ne contenir que la substance active, dans laquelle l'acide sulfurique sera toujours exactement saturé.

CHAPITRE II.

ACTION PHYSIOLOGIQUE ET THÉRAPEUTIQUE DE LA QUININE.

Il est théoriquement facile de séparer l'étude physiologique de l'étude thérapeutique d'un médicament. Mais quand on passe à l'examen des faits, les deux actions se compliquent souvent. Aussi, malgré notre intention de séparer le rôle physiologique du rôle thérapeutique de la quinine, trouvera-t-on souvent ces études confondues. Nous examinerons séparément l'action de la quinine sur les principales fonctions et sur les organes qui peuvent être intéressés par elle.

I. Action sur la circulation.

1° Administré à la dose de 1 à 4 grammes, le sulfate de

quinine produit toujours chez les malades atteints de rhumatisme articulaire aigu, comme de toute autre pyrexie franche, une diminution du nombre des pulsations artérielles, diminution qui a été observée le premier, le deuxième ou le troisième jour au plus tard.

2° Non-seulement les battements sont moins fréquents, après l'administration de la quinine, mais leur intensité décroît sensiblement. Les battements deviennent petits et mous.

3° L'affaiblissement du pouls est, comme son ralentissement, en raison directe de la dose de quinine absorbée.

4° On constate par des expériences sur des chiens, au moyen de l'hémodynamètre, que l'affaiblissement de la tension artérielle se fait encore sentir vingt-quatre heures après l'introduction de la quinine dans l'économie.

5° Le sulfate de quinine exerce une action particulière sur le système nerveux et sur le cœur lui-même, dont il détruit la puissance de contraction.

Ces conclusions, qui appartiennent à **M.** Briquet, nous semblent justes, sauf la quatrième, c'est-à-dire les expériences faites sur les chiens. M. Briquet, pour constater la diminution de la tension artérielle, s'est placé dans de mauvaises conditions. Nous croyons qu'en poussant dans la jugulaire 100 grammes d'eau acidulée même ne contenant pas de quinine, on trouble profondément la circulation.

D'autre part nous avons remarqué, et plus d'un observateur l'avait fait avant nous, que la quinine administrée dans l'état physiologique ou à des malades atteints de névroses, modifie peu la circulation. Nous avons observé le pouls chez un certain nombre de malades atteints de névroses diverses et traités par le sulfate de quinine. Le nombre de pulsations n'a jamais varié que de 5 ou 6 en plus ou en moins, variations qui nous ont paru dépendre de causes diverses et non de l'action modificatrice de la quinine. Ce médicament, dans les cas dont nous venons de parler, n'a jamais été administré à des doses supérieures à 1 gr. 50 ou 2 grammes au plus par vingt-quatre heures. M. le docteur Lemaistre (Thèses de Paris, 1850), dans un grand nombre de maladies apyrétiques où il a administré le sulfate de quinine quelquefois et jusqu'à la dose de 8 gr., n'a observé aucune modification de la circulation. Sydney Ringer (*The lancet*, 1866) a aussi constaté que la température de l'organisme sain s'abaisse beaucoup moins que celle des fébricitants sous l'influence de la quinine. Cette observation a été confirmée par Libermeister et Jurgensen.

M. Hirtz (*Dictionnaire de médecine et de chirurgie pratiques*, 1871) reconnaît au sulfate de quinine la propriété d'abaisser le pouls seulement à hautes doses et dans les pyrexies.

M. Colin (*Bulletin général de thérapeutique*, 1872) dit que sur l'organisme sain la quinine administrée aux doses médicales usuelles, ne produit qu'un abaissement peu sensible du pouls et de la température. M. Briquet, selon nous, n'a pas assez insisté sur ce point, et ses expériences sur les chiens indiquent plutôt l'action toxique, c'est-à-dire le mécanisme par lequel le poison tue, que l'action physiologique de la quinine.

Ces restrictions posées, l'action de la quinine sur la circulation est un fait établi. Nous verrons, en étudiant l'influence subie par le système nerveux, que la modification de la circulation n'est qu'un effet secondaire.

II. Action sur les organes respiratoires.

Elle est très-peu marquée. Quelquefois on observe un peu d'anxiété précordiale, de dyspnée. Encore n'est-il pas démontré que ce ne soient point là les effets des maladies que l'on traitait, et en particulier dans le rhumatisme articulaire aigu, où les complications du côté des organes respiratoires ne sont que trop fréquentes.

III. Action sur les organes digestifs.

Cette action, qui repose sur un fond de réalité, a été considérablement exagérée. Parmi les préjugés populaires qui attribuent à certains médicaments des propriétés malfaisantes, il en est un attaché à la quinine. On lui reproche de causer des maux d'estomac. Le sulfate de quinine produit quelquefois l'irritation des muqueuses gastro-intestinales. On remarque surtout cet effet quand on ne prend point la précaution de le donner par doses fractionnées et surtout de ne point le diluer dans une quantité de véhicule suffisante. Une dose massive telle que 3 ou 4 grammes produit constamment cet effet. Mais il existe aujourd'hui bien peu d'indications d'administrer le sulfate de quinine à des doses supérieures à deux ou trois grammes par jour, et tous les praticiens savent que le meilleur moyen d'administrer le sulfate de quinine est de le faire prendre en solution et par doses fractionnées.

IV. Action sur quelques viscères.

1° *Action sur la rate.* — L'emploi prolongé de la quinine paraît modifier l'hypertrophie de la rate. Mais si ce fait est bien constant, il n'a pas été donné à tous les observateurs, comme à M. Piorry, de pouvoir constater la diminution de cet organe immédiatement après la prise d'une seule dose (1 gramme) de sulfate de quinine. L'action de ce médicament sur la rate paraît donc démontrée. Nous répéterons ici ce que nous disions à propos de l'action de la quinine sur la circulation : cette substance agit-elle directement sur la rate, ou bien combat-elle la cause primordiale de l'hypertrophie splénique? Nous croyons cette seconde opinion plus fondée.

2° *Action sur le foie.* — L'action de la quinine sur le foie est plus obscure ; cependant l'hypertrophie de cette glande a été souvent constatée. On a aussi trouvé dans cet organe de la quinine en assez grande quantité chez les animaux empoisonnés par cet alcaloïde. Nous ne voyons en cela qu'une action élective du foie pour la quinine, comme on l'observe, du reste, pour un grand nombre d'autres poisons.

3° *Action sur les voies urinaires.* — L'administration de la quinine ne produit ni augmentation ni diminution de la quantité d'urine. Les reins, les muqueuses vésicale et uréthrale éprouvent souvent par le contact de l'alcaloïde une irritation ordinairement légère, mais qui peut aller jusqu'à l'hématurie. La quinine n'exerce point là une action spéciale, mais une simple irritation, comme la produisent bien d'autres substances, et en particulier et à un haut degré la cantharidine.

V. Action sur le système nerveux.

Le sulfate de quinine possède une action particulière sur le système nerveux, action qui nous explique ses propriétés thérapeutiques. Cette action porte spécialement sur le système nerveux central, sur la moelle et sur le grand sympathique.

Etudions séparément chacun des symptômes observés :

1° *Céphalalgie.* — Ce phénomène consiste en une sensation de pesanteurs, quelquefois même en des douleurs pulsatives ;

2° *Troubles de l'ouïe.* — Ils se manifestent par les bourdonnements d'oreilles, la dureté de l'ouïe, puis la surdité complète. Tous ces phénomènes disparaissent quelques heures après la cessation du médicament. Ce n'est que dans des cas infiniment rares, et toujours quand le médicament a été porté à des doses excessives, que l'on a observé la persistance de ces perturbations de l'ouïe. Les bourdonnements d'oreilles étant un des phénomènes de l'action physiologique les plus constants et des plus faciles à constater, peuvent, avec le passage de l'alcaloïde dans l'urine, servir de guide dans l'administration du médicament. Par l'un et l'autre de ces moyens, on a pu constater que : 1° le sulfate de quinine administré aux doses médicales ordinaires, agit entre une heure et demie ou deux heures après son administration ; 2° son action cesse, selon les doses, de trois à trente-six heures après l'administration.

3° *Troubles de la vue.* — On ne les constate qu'après l'administration de très-hautes doses. Les yeux sont d'abord sensibles au contact de la lumière, puis la vue se trouble. Enfin la pupille se dilate, l'amaurose survient incomplète ou complète. Jamais, cependant, on n'a vu l'amaurose persister au delà d'un mois.

4° *Vertige.* — Il consiste en un léger étourdissement et de la vacillation quand le malade veut se lever et se tenir sur son séant. Puis survient une sorte de syncope avec de légers tremblements convulsifs. Les vertiges s'observent avec des doses de quinine même modérées.

5° *Titubation*. — On ne l'observe qu'après de hautes doses de médicament. Elle s'accompagne de lourdeur dans les membres, d'un air d'étonnement dans les traits de la face, d'une légère stupeur. Monneret a nommé cet appareil symptomatique état typhique, à cause de la ressemblance qu'il a avec l'aspect des malades atteints de la fièvre typhoïde.

6° *Délire ou ivresse quinique*. — On l'observe rarement ; il n'est produit que par de hautes doses, et par conséquent accompagné de troubles de la vue, de l'ouïe, etc. Il se présente sous deux formes assez distinctes : tantôt le malade est bruyant, agité ; tantôt, au contraire, calme, prostré, rêveur.

7° *Méningite*. — Elle a été observée après l'administration de la quinine dans certaines phlegmasies ; mais jusqu'à ce que nous possédions des observations plus convaincantes, nous croyons devoir attribuer cette complication plutôt à la maladie elle-même qu'au médicament destiné à la combattre.

8° *Convulsions*. — Elles sont très-rares et ne s'observent qu'après l'administration de la quinine donnée trop brusquement et à très-haute dose.

Etudions maintenant l'action physiologique et thérapeutique de la quinine sur l'ensemble de l'organisme. Les opinions varient ici avec chaque auteur. Un grand nombre de thérapeutistes allemands expliquent l'action de la quinine dans la fièvre intermittente de la manière suivante : Le poison paludéen, selon eux, est pyrogène. Le phénomène initial est l'élévation de la température qui persiste pendant tout l'accès. Le sulfate de quinine guérirait en diminuant les combustions.

Pour M. Gubler, la quinine en circulation dans le sang exerce une action tonique sur le système capillaire, qu'elle tend à resserrer et dont elle amoindrit par conséquent les actes organico-chimiques. C'est ainsi qu'elle devient sédative et antiphlogistique. Cette action se traduit sur l'encéphale par une série de symptômes en apparence caractéristiques de l'état congestif, lesquels néanmoins se rattachent à l'anémie et à l'hyposthénie cérébrales. L'action pharmaco-dynamique de la quinine est dès à présent difficile à établir d'une manière positive. La moelle, ainsi que les autres centres nerveux, selon le même auteur, est douée du pouvoir de condenser de la force, avec la faculté de s'en décharger en déterminant des excitations sensitives et motrices. Le sulfate de quinine rend les centres et les conducteurs nerveux plus aptes à recueillir et à conserver la force créée par la combustion respiratoire. Il amène ce résultat soit en modifiant directement leur manière d'être, soit en agissant sur eux d'une façon détournée par l'intermédiaire du grand sympathique dont l'hypersthénie paraît être la condition éminemment favorable à la restauration dynamique de l'économie, de même que sa paralysie entraîne à la dépense sous forme de chaleur, de douleur, de force sécrétoire ou plastique. En admettant que la quinine augmente la réceptivité dynamique du système nerveux, à peu près comme un enduit mauvais conducteur isole un appareil électrique, on arrive à saisir, dans leur apparente diversité, le fonds commun ou le lien qui unit entre eux les effets physiologiques et thérapeutiques observés. Dans les fièvres palustres, pas plus qu'ailleurs, la quinine n'agit en vertu d'un pouvoir occulte, inexplicable par la physiologie, irréductible aux lois de l'organisme normal. Elle n'est pas l'antidote du poison palustre, le spécifique de la périodicité, mais simplement le modérateur de l'action spinale ou le régulateur de l'innervation vaso-motrice. Si elle réussit mieux que l'une quelconque de ses nombreuses succédanées contre les fièvres de marais à formes intermittentes ou rémittentes, c'est qu'elle possède à un plus haut degré que toute autre, la puissance d'isoler, pour ainsi dire, le centre médullaire et d'en économiser les forces, de tonifier et de galvaniser le grand sympathique ; en définitive de s'opposer à l'évolution des symptômes phlogistiques qui se déroulent dans le cours d'un accès fébrile.

Pour M. Salisbury, la quinine n'est pas davantage un agent spécifique : Elle agit simplement en donnant à l'organisme une force suffisante pour s'opposer au paroxysme de la fièvre, jusqu'à ce que la nature, aidée par la médication, guérisse la maladie en éliminant sa cause. Cette cause est ici pour l'auteur, soit dit en passant, les spores des Palmellac. D'après cette théorie, la quinine agit par ses propriétés toniques sur le système ganglionaire cérébro-spinal et sur les tissus épithéliaux.

M. Colin, dans un travail récemment publié, cherche à fixer d'une manière positive l'action thérapeutique de la quinine. Dans cette recherche de la vérité, il s'appuie sur des données tirées soit d'expériences faites avec la quinine sur les matières putrides, soit fournies par la pathologie expérimentale, soit par la clinique. L'action de la quinine sur les matières putrides, bien que réelles, n'est point pour cela une action spécifique. Elle exerce en effet, comme l'a montré Binz, une influence toxique sur les organismes inférieurs, sur les infusoires caractérisés par l'activité de leurs mouvements browniens au sein du proloplasma des cellules végétales. Mais beaucoup d'autres substances d'origine minérale ou organique, partagent avec la quinine ses propriétés antiseptiques ou antizimatiques, sans pouvoir lui être comparées comme fébrifuges. Tels sont : l'alcool, l'acide phénique, la créosote, certains alcalis minéraux et un grand nombre d'acides. De plus, comme l'a démontré M. Vulpian, il faudrait, pour produire l'effet voulu, introduire dans l'organisme vingt fois plus de quinine qu'il n'en peut supporter.

Les données fournies par la pathologie expérimentale sont encore moins concluantes. L'impossibilité de communiquer aux animaux la fièvre palustre fait qu'on ne peut, par l'expérimentation sur eux, rien prouver en faveur de l'influence de la quinine sur le miasme palustre.

La clinique nous démontre que des récidives ont lieu quand des fiévreux, après avoir pris des doses énormes de quinine, se sont soustraits par leur changement de résidence à de nouvelles conditions d'infection. Employée par M. Colin concurremment avec d'autres médicaments antipyrétiques, la quinine n'a pas donné les meilleurs résultats contre l'érysipèle, la fièvre typhoïde, la pneumonie et la tuberculisation aiguë. La digitale lui est supérieure contre l'élément chaleur. M. Colin attribue l'infidélité de la quinine que l'on observe quelquefois pendant l'orgasme des maladies fébriles à la transformation que subit l'alcaloïde au sein de l'organisme. Quelle que soit la transformation que subit l'alcaloïde, (nous discuterons cette question au chapitre IV), nous croyons que l'alcaloïde produit précisément sont effet en se transformant. Il peut aussi arriver que le médicament passe en partie inaltéré par le tube digestif. Nous nous étendrons sur cette question au chapitre III (Élimination).

M. Colin cherche aussi à voir, dans cette transformation de la quinine en substance plus ou moins inerte, l'explication de quelques faits plus ou moins obscurs en clinique. Tels sont : 1° l'inefficacité de la quinine quand on l'administre dans la période avancée de la fièvre sub-continue estivale; 2° la supériorité du mode d'administration de la quinine dans la période d'apyrexie des fièvres intermittentes. Cette supériorité est loin du reste d'être démontrée. Nous croyons généralement admis aujourd'hui que pour guérir rapidement une fièvre intermittente, surtout si elle est grave, le médecin doit administrer de suite la quinine, de façon que l'économie en soit saturée au moment où arrivera le prochain accès. Si l'accès a une durée suffisante pour que la quinine ait le temps d'agir avant sa terminaison (donnée à une dose de 1 gramme elle agit en une heure au plus), nous croyons qu'on ne doit pas hésiter à la donner pendant la période pyrétique. Il n'y a pas à craindre d'augmenter ainsi le refroidissement du malade, ce froid n'étant qu'apparent, puisque la température monte de 2 à 4 degrés; 3° l'efficacité particulière de la quinine dans la fièvre typhoïde, la fièvre puerpérale et l'infection purulente, quand ces maladies affectent le type intermittent.

M. Colin admet volontiers que la quinine agit dans les périodes apyrétiques, tandis qu'elle est transformée en matières inertes et par conséquent n'agit pas dans les accès pyrétiques. Nous ne croyons pas cette explication plausible, car il nous suffira de citer une maladie où il n'y a pas de période apyrétique, le rhumatisme articulaire aigu, dans laquelle, cependant, la quinine produit ses effets physiologiques et thérapeutiques. Nous croyons que la quinine est transformée dans l'économie pendant les périodes pyrétiques ou apyrétiques des maladies et même dans l'état de santé.

En résumé, pour nous, la quinine produit toujours la même action thérapeutique et elle la produit invariablement de la même manière. Qu'elle ait à combattre la fièvre intermittente ou remittente, que cette fièvre soit due aux palmellac de M. Salisbury, aux bacteridies de M. Robin, aux infusoires de Binz, que la malaria soit un corps chimique, un produit organique ou inorganique, solide ou gazeux, la quinine ne fera que combattre l'élément fièvre, empêchera par conséquent la déperdition d'urée, l'usure organique. Qu'on l'oppose à une fièvre continue, à des pyrexies aiguës elle combattra toujours l'élément fièvre. Cette action antipyrétique, la quinine la produit invariablement par ses propriétés modificatrices des centres nerveux, en un mot, elle calme, elle modère et régularise l'innervation vasomotrice. Son action sur l'appareil circulatoire n'est qu'une résultante, une action secondaire. Pour arriver à produire l'abaissement du pouls chez l'homme sain, il faut employer des doses de quinine beaucoup plus considérables que celles nécessaires pour diminuer d'une quantité égale le nombre des pulsations chez le fiévreux. Sur le système nerveux, au contraire, l'action physiologique de la quinine s'obtient avec les mêmes doses (1 gr. 50 à 2 grammes par vingt-quatre heures), dans l'état physiologique et dans l'état pyrétique. Un fébricitant et un homme à l'état de santé éprouvent l'un et l'autre, avec les mêmes doses, de la céphalalgie, des bourdonnements d'oreilles ; mais tandis que le pouls du premier sera considérablement abaissé, celui du second ne sera que peu ou point du tout influencé. Cette comparaison me semble propre à montrer que l'action physiologique du sulfate de quinine se fait sentir premièrement sur les centres nerveux et secondairement sur la circulation.

En deux mots : 1° Les effets physiologiques peuvent se résumer à ceci : la quinine exerce une action sédative, hyposthenisante sur le système nerveux cérébro-spinal et sur le grand sympathique ; 2° les effets et les indications thérapeutiques sont les suivants : La quinine convient dans la plupart des maladies où l'on observe une modification dans l'innervation des vaso-moteurs et par conséquent des troubles circulatoires, quelle qu'en soit la cause première.

Jusqu'ici, nous n'avons parlé que de la quinine pure, c'est-à-dire non combinée aux acides. Comme elle n'est presque jamais usitée à cet état, nous dirons quelques mots des propriétés de ses principaux sels.

Le sulfate de quinine journellement employé est le sulfate neutre ; il est assez connu pour que nous nous dispensions de nous étendre sur son étude.

Le chlorhydrate de quinine est plus soluble que le sulfate ; il n'a pas d'action particulière.

Le nitrate n'offre non plus rien de remarquable. L'iodhydrate présente un aspect gommeux ; c'est un sel mal défini et d'ailleurs peu employé.

L'iodure, l'iodhydrate employé contre les fièvres intermittentes rebelles, participe à la fois des propriétés de l'iode et de la quinine. Il se présente sous la forme d'écailles verdâtres avec reflet éclatant.

Le citrate, très-employé en Italie, est dit-on, mieux supporté que le sulfate ; il agit moins sur le système nerveux et sur les fonctions digestives. Son emploi peut être continué pendant longtemps sans que l'on ait à craindre les effets fâcheux que l'on reproche au sulfate.

Le quinate, quoique très-amer et nous présentant la quinine combinée à l'acide que la nature lui a choisie, n'est que peu employé.

L'arsénite de quinine, bien que théoriquement deux fois fébrifuge, n'est pas davantage usité.

Le ferro-cyanate cristallisé en aiguilles brillantes verdâtres est moins actif que le sulfate de quinine.

Le valérianate, utilisé surtout dans les affections nerveuses, n'est pas supérieur comme fébrifuge au sulfate de quinine.

Le stéarate, selon MM. Jeannel et Monsel, de Bordeaux, offrirait, au point de vue thérapeutique, un avantage considérable, celui d'envelopper l'agent actif ou l'alcaloïde dans une combinaison qui reste inerte dans l'estomac, et qui, parvenue dans l'intestin, s'y dissout sans décomposition, s'y émulsionne et y est absorbée sans produire de symptômes locaux. C'est à l'expérience de vérifier ces assertions quelque peu théoriques.

Le tannate de quinine préconisé par Barreswil, tour à tour employé et abandonné, offre, d'après l'étude approfondie que nous en avons faite, les avantages et les inconvénients suivants : il est un peu moins soluble que le sulfate, mais aussi moins irritant pour la muqueuse stomacale. Contenant à poids égal beaucoup moins de quinine que le sulfate, et s'absorbant moins facilement, il doit céder le pas au sulfate quand l'indication est d'agir activement et rapidement ; mais il doit être préféré à ce dernier quand il y a lieu de ménager la susceptibilité des organes digestifs, la répugnance des enfants, par exemple, pour les substances amères et aussi quand il y a lieu de réunir en un seul médicament les propriétés de la quinine et du tannin. L'indication est ici marquée contre la diarrhée et les sueurs nocturnes des tuberculeux. Nous avons démontré ailleurs que le tannate de quinine est parfaitement absorbé et éliminé.

En résumé, nous voyons que la quinine combinée aux acides n'agit dans la plupart des cas que par ses propriétés particulières ; unie au contraire à l'iode ou au tannin, les sels qui résultent de ces combinaisons semblent jouir des doubles propriétés des composants.

CHAPITRE III.

ÉLIMINATION DE LA QUININE.

Les lois de l'élimination sont assez conformes à celles de l'absorption :

1° La quantité de quinine éliminée est proportionnelle à la quantité ingérée ;

2° La durée de l'élimination est aussi proportionnelle à la quantité ingérée. A hautes doses, l'élimination est terminée après trois ou quatre jours; à faibles doses, après un à deux jours ;

3° L'élimination commence d'autant plus rapidement que la quantité de sel ingérée est plus grande, et que ce sel est plus soluble.

Quelles sont les différentes voies par lesquelles s'élimine la quinine? Il est probable que la quinine se répand dans tout l'organisme et qu'elle est éliminée par toutes les excrétions et secrétions auxquelles leur composition chimique permet de la dissoudre. Nous n'avons point recherché cet alcaloïde dans toutes les parties liquides et solides de l'organisme. Nos recherches ont porté seulement sur l'urine, la salive, les matières fécales et le sang.

1° *Urine*. — C'est par la voie urinaire que la quinine, comme la plupart des médicaments, s'élimine en plus grande partie. Elle apparaît dans ce liquide d'autant plus rapidement que la quantité ingérée a été plus grande. Nous ne pouvons qu'indiquer approximativement la quantité de quinine qui passe dans l'urine ; mais ce que nous pouvons assurer, car nous avons fait à ce sujet de nombreuses expériences, c'est que l'urine contient à peine la moitié du sulfate ingéré. Le reste de l'alcaloïde passerait donc en partie par d'autres voies et serait aussi en quantité notable brûlé dans l'organisme. Nous avons indiqué au chapitre de l'absorption les réactifs à l'aide desquels on reconnaît l'alcaloïde dans l'urine. Le meilleur pour nous est l'iodure double de mercure et de potassium.

2° *La Salive*. — Une heure environ après l'absorption d'une dose suffisante de quinine, le malade ressent dans la bouche une saveur très-amère ; c'est sans doute au passage de la quinine dans la salive qu'il faut attribuer cette sensation. M. Briquet dit que la quinine ne passe pas dans la salive. Nous ne savons quels procédés cet auteur a employés pour la rechercher ; il ne donne à ce sujet aucune indication. Nous avons toujours constaté facilement la présence de la quinine dans la salive en opérant de la façon suivante : Nous faisons mâcher à un malade soumis à la médication quinique un morceau de racine de pyrèthre ; nous recueillons la salive sécrétée en abondance dans un vase. Nous coagulons l'albumine par la chaleur, nous filtrons et évaporons à siccité. Le résidu est repris par l'alcool absolu qu'on évapore de nouveau. Le résidu traité par une petite quantité d'eau acidulée, et filtré, donne avec l'iodure double de mercure et de potassium un précipité caractéristique des alcaloïdes. Nous avons opéré de la même façon sur de la salive provenant de malades qui n'avaient point absorbé de quinine, et jamais nous n'avons obtenu ce précipité.

3° *L'Intestin.* — Le sulfate de quinine n'est-il point éliminé par l'intestin ? Ce qui nous a porté à le supposer, c'est précisément l'action irritante que ce médicament exerce quelquefois sur les voies digestives. Il est en effet reconnu que le sulfate de quinine produit quelquefois de la gastralgie, de l'entérite, de la diarrhée. J'ai été naturellement porté à supposer que le sulfate de quinine appliqué en substance sur les muqueuses stomacale et intestinale, produirait, comme sur le derme dénudé après l'application de vésicatoires, une irritation assez vive et par suite une sécrétion exagérée et la diarrhée. Quoi de plus naturel, alors, que de voir l'alcaloïde entraîné avec les matières fécales ?

Un fait observé par un praticien de la Nouvelle-Grenade, le docteur Ordonez, confirma aussi nos soupçons. « Quand on administre, dit-il, le sulfate de quinine aux ouvriers indigènes souvent atteints de fièvre intermittente, il arrive que leurs déjections sont délaissées par certains animaux qui en faisaient auparavant leur pâture; ils se croient empoisonnés, l'expérience leur ayant démontré que la fièvre était alors très-rebelle. » Nous sommes porté à croire que le sulfate de quinine ayant produit chez ces malades une irritation du tube digestif, ou bien l'irritation intestinale ayant précédé l'administration du remède, ce que ne dit pas le docteur Ordonez, le sulfate de quinine passait en partie inabsorbé, ce qui donnait aux matières fécales une amertume qui les faisait délaisser par les animaux.

Bretonneau avait aussi constaté que beaucoup de fébricitants étaient purgés par 60 centigrammes à 1 gramme de sulfate de quinine pris en une seule dose, ce qui le conduisit à préparer les voies digestives par un vomitif.

Bien d'autres observateurs ont remarqué que cette irritation du canal digestif par le sulfate de quinine se produit surtout quand on donne ce médicament à forte dose à la fois (1 gr. par exemple) et quand on ne prend point la précaution de ne pas l'administrer en poudre. Les sucs gastriques et intestinaux étant alors impuissants à dissoudre une aussi forte dose de ce sel fort peu soluble, la partie non dissoute produit l'irritation qui cause la gastrite et la diarrhée. Administré au contraire en solution étendue (1 gr.

pour 150 ou 200 parties de liquide), donné par cuillerées, à intervalles, il n'a pas l'action irritante que nous venons de constater. Quelques auteurs ont, au contraire, remarqué qu'il produisait alors la constipation.

La quinine passe, en effet, en partie dans les matières fécales et est rejetée par l'intestin. Nous nous en sommes assuré plusieurs fois. Voici de quelle manière nous avons opéré :

Avant d'administrer à un malade du sulfate de quinine, nous faisons conserver les matières fécales et nous les traitons absolument comme si elles contenaient de la quinine. A la fin de l'opération, nous n'avons jamais constaté la présence d'un alcaloïde chez un malade qui ne prenait pas de sulfate de quinine. Ayant ensuite soumis le même malade à la médication quinique (1 gr. 50 à 2 grammes par jour), nous faisons conserver les matières fécales le troisième ou quatrième jour de la médication. On place ces matières dans un flacon à large ouverture avec un poids égal au leur d'alcool concentré. On agite fortement et on laisse en contact vingt-quatre heures. Au bout de ce temps, on filtre, on fait évaporer la solution alcoolique. On reprend le résidu par une petite quantité d'eau acidulée, on filtre de nouveau et on traite par l'iodure double de mercure et de potassium. On obtient ainsi un précipité caractéristique d'un alcaloïde qui ne peut être que de la quinine. Ce précipité est surtout abondant quand les malades sont atteints de diarrhée. A quel état est la quinine éliminée par l'intestin? A-t-elle produit un effet physiologique ou thérapeutique ?

Cela n'est pas probable. Est-elle transformée? L'analyse chimique pourra le dire. Ce sont là des recherches que leur longueur nous a empêché d'entreprendre; mais leur résultat, quand il sera connu, éclairera certainement d'une vive lumière l'étude de l'action physiologique et thérapeutique de la quinine.

4° *Sang*. — Nous avons aussi recherché et constaté la présence de la quinine dans le sang. Bien que cette étude ne dépende pas directement de l'élimination, nous dirons cependant comment nous avons constaté la présence de l'alcaloïde.

Nous avons pris du sang provenant de ventouses scarifiées appliquées à une malade traitée par le sulfate de quinine. Ce sang est jeté sur un filtre, le sérum s'écoule ; on agite le caillot avec son poids d'alcool concentré et on filtre. On réunit les liqueurs, et on coagule l'albumine par la chaleur. On filtre ; la liqueur évaporée à siccité est reprise par une petite quantité d'eau acidulée ; cette dernière liqueur filtrée et traitée par le réactif de Valser donne un précipité caractéristique. Nous répéterons ici ce que nous avons dit pour la quinine trouvée dans les matières fécales : il serait intéressant de rechercher à quel état se trouve la quinine dans le sang. On saurait ainsi si les sucs gastriques et intestinaux ont modifié l'alcaloïde.

Nous n'avons point recherché la quinine dans la sueur, les larmes, les mucus, le lait. Il serait désirable que la science fût fixée bientôt sur la présence ou l'absence de la quinine dans ces liquides.

CHAPITRE IV.

TRANSFORMATION DE LA QUININE DANS L'ÉCONOMIE.

L'étude de cette question est neuve; il y a quatre ans elle n'avait pas encore été posée.

Nous avons lu quelque part dans l'ouvrage de M. Briquet : « On sait que la quinine et la cinchonine, bases orga-
« niques facilement décomposables, passent néanmoins en
« nature dans le sang, y séjournent pendant un certain
« temps, puis sont éliminées sans subir de décomposition. »
M. Briquet, en avançant ce fait, s'appuie sur l'autorité de MM. O. Henry, Lesueur, Lannaux, Follin, Fordos. Tous ces auteurs se sont contentés de reconnaître dans l'urine par le réactif de Bouchardat, un précipité indiquant la présence d'un alcaloïde. Aucun d'eux n'a étudié ni même isolé

la substance. Le réactif de Bouchardat précipite indistinctement tous les alcaloïdes ; il est complétement impuissant pour faire reconnaître la quinine de la cinchonine, de la quinidine, de la quinicine, etc.

Depuis 1845 jusqu'en 1868, Bence Jones est le seul auteur qui se soit occupé de l'action intime que les alcaloïdes font subir à nos tissus et des transformations qu'ils peuvent subir eux-mêmes.

Nous ne possédons pas, dit-il, de moyens d'investigation assez puissants pour rechercher les alcaloïdes dans les tissus et voir s'ils y sont transformés. Des recherches ont été faites et ont donné des résultats dans l'étude de l'absorption et de l'élimination des composés minéraux, entre autres la lithine, le chlorure de tallium, de lithium. C'est au moyen de l'analyse spectrale qui permet de découvrir des millièmes de milligrammes que ces résultats ont été obtenus. Mais l'étude des alcalis végétaux par le spectroscope est encore à faire.

Nous ne pouvons donc user que de moyens d'investigations relativement insuffisants. Jetons un coup d'œil sur les transformations que subissent dans l'économie certains corps comparables aux alcaloïdes.

« Bens Jones dit que l'ammoniaque, en passant de l'estomac dans le sang, ou lorsqu'elle est dans le sang, se combine en partie avec l'oxygène, et que la même combinaison a lieu si l'on prend de l'urée de la caféine, et probablement d'autres alcaloïdes. Mais l'action qui se produit dès que l'ammoniaque, l'urée et les alcaloïdes entrent en contact avec les substances qui se trouvent dans les tissus, et la vitesse avec laquelle ces alcaloïdes s'y combinent avec l'oxygène restent encore à déterminer. Le premier effet des alcaloïdes est d'augmenter l'action chimique ; mais les combinaisons définitives qui se produisent et les altérations qu'amènent l'ammoniaque, l'urée et les alcaloïdes ne sont pas encore connues. Nous ne savons même absolument rien sur les altérations que ces substances occasionnent dans les produits de la décomposition des tissus, pendant qu'elles sont elles-mêmes décomposées et éliminées. Si l'on en juge par l'action des alcalis, il est fort probable que les alcaloïdes envahissent tous les tissus en quelques minutes et ont une action proportionnée à leur affinité pour les différentes substances avec lesquelles ils se trouvent en contact.

Kerner ayant eu l'occasion d'examiner de l'urine émise après l'administration de quantités considérables de quinine, y a trouvé un alcaloïde ayant beaucoup d'analogie avec la quinine, mais dénué de la saveur amère de cette dernière. Dans l'espoir de reproduire cette base par l'oxidation artificielle de la quinine, l'auteur a soumis celle-ci à l'action du permanganate de potasse, et il a obtenu ainsi un composé non amer et dénué de propriétés basiques bien caractérisées. En raison de sa composition, il a nommé ce composé dihydroxilquinine. On dissout une partie de quinine dans un excès d'acide azotique ou chlorhydrique, et la solution, renfermant environ 1 gramme de quinine par 100 centimètres cube, est chauffée vers 60°, puis additionnée peu à peu d'une solution concentrée de deux parties de permanganate de potasse également chauffée vers 60°. La température s'élève de 15 à 20°. La liqueur filtrée qui est alcaline est évaporée au 1/6 de son volume et acidulée. La nouvelle substance se développe à l'état cristallin. On la purifie par cristallisation dans l'eau, décoloration par le noir animal et lavages à l'alcool fort pour lui enlever les traces de quinine. Le nouveau corps se cristallise dans l'eau en prismes durs, brillants et incolores, et dans l'alcool en longues aiguilles soyeuses. Il est peu soluble à froid dans les liquides, ainsi que dans les acides étendus ; les acides concentrés et les alcalis le dissolvent sans décomposition. Il est sans saveur et sans action sur les réactifs colorés. Le tannin, l'iodure ioduré de potassium, l'iodure mercuro-potassique et le chlorure de platine le précipitent de ses dissolutions aqueuses ou acides, ainsi que le phospho-molybdate de soude. La solution nitrique possède une fluorescence bleue moins prononcée que la quinine, et elle donne, avec le chlore et l'ammoniaque, la même coloration verte que cette dernière. Le permanganate ne l'attaque qu'en solution acide chaude. Ses solutions brunissent à la lumière comme les solutions de quinine.

MM. Caventou et Wilm, de leur côté (Société chimique de Paris), ont cherché à oxyder la cinchonine artificiellement, dans l'intention, sans doute, de la transformer en quinine. Ils ont obtenu de l'oxycinchonine.

Nous ne connaissons point le procédé par lequel M. Kerner a isolé l'alcaloïde transformé. Nous ne savons donc point si cette transformation s'est faite naturellement dans l'organisme, ou si elle n'est pas simplement le résultat d'opérations chimiques faites dans le but de l'extraire. Quant à nous, notre plus grande préoccupation a été d'opérer le plus simplement possible, d'introduire dans le courant des manipulations le plus petit nombre possible de corps étrangers. Voici notre procédé opératoire:

Nous recueillons l'urine des malades soumis à la médication quinique; nous l'évaporons au bain-marie à une douce chaleur, presque jusqu'à siccité. Le résidu est placé dans un flacon et agité vivement avec de l'éther ordinaire. L'éther est décanté dans une capsule et abandonné à l'évaparation libre. Il laisse pour résidu l'alcaloïde mêlé de quelques impuretés : matières colorantes, résine, etc. Nous faisons subir au résidu de l'évaporation de l'urine plusieurs traitements successifs jusqu'à épuisement complet de l'alcaloïde. On est assuré que le résidu est épuisé quand, après en avoir redissous une petite quantité dans l'eau et avoir filtré, la solution ne précipite plus par l'iodure double de mercure et de potassium. On voit que jusqu'ici nous n'avons fait intervenir aucun corps étranger qui puisse modifier l'alcaloïde. Pour l'isoler à l'état de pureté, nous ajoutons au résidu de l'évaporation de l'éther de l'eau distillée légèrement acidulée par l'acide chlorhydrique pur. L'alcaloïde se transforme en chlorhydrate soluble. On filtre pour séparer les matières étrangères. La solution est traitée par l'ammoniaque qui précipite l'alcaloïde. On le fait dissoudre dans l'alcool, on agite avec le charbon animal et on le fait cristalliser plusieurs fois pour l'obtenir pur.

L'alcaloïde ainsi obtenu cristallise de sa solution alcoolique en longues aiguilles soyeuses d'aspect lanugineux. Il offre une saveur amère franche ; il est très-peu soluble dans l'eau, très-soluble dans l'alcool. La solution alcoolique dévie à gauche la lumière polarisée. Les solutions aqueuses ou acides précipitent par les réactifs des alcaloïdes ; la solution sulfurique possède une phosphorescence bleue ; traité par le chlore et l'ammoniaque, il donne une coloration verte. La solution sulfurique concentrée abandonnée à l'évaporation donne une masse cristalline composée de petits cristaux cassants et brillants qui possèdent toutes les propriétés physiques et chimiques du sulfate de quinidine. La quinine n'a donc subi dans l'économie qu'un simple changement d'état moléculaire ; elle est transformée en son isomère, la quinidine.

CONCLUSION

En résumé, nous avons voulu, dans ce travail, suivre pas à pas la quinine depuis son introduction dans l'économie jusqu'à son élimination.

Nous avons étudié, dans le chapitre premier, les différentes voies par lesquelles la quinine peut être introduite dans l'économie ; les lois selon lesquelles se fait l'absorption et les réactifs les plus convenables à démontrer que cette absorption a eu lieu.

Dans le chapitre deuxième, nous étudions l'action physiologique et thérapeutique de l'alcaloïde, et nous arrivons à conclure que :

1° La quinine exerce une action sédative, hyposthénisante sur le système nerveux cérébro-spinal et sur le grand sympathique ;

2° Elle convient, dans la plupart des maladies où l'on observe une modification dans l'innervation des vaso-moteurs et par conséquent des troubles circulatoires, quelle qu'en soit la cause première.

Dans le chapitre troisième, nous avons étudié les lois de l'élimination ; nous avons ensuite démontré que l'alcaloïde est éliminé par la salive et les matières fécales, étude que peu d'auteurs avaient faite avant nous. Enfin nous avons constaté la présence de la quinine dans le sang, mais nous n'avons pas encore recherché si elle y est modifiée ou non.

Le chapitre quatrième est consacré à l'étude de la transformation que l'alcaloïde subit dans l'économie. Nous somme arrivé à ce résultat que le sulfate de quinine introduit dans l'économie est éliminé à l'état de sulfate de quinidine. L'alcaloïde n'a donc subi qu'une modification moléculaire ; il est transformé en un isomère.

www.ingramcontent.com/pod-product-compliance
Lightning Source LLC
Chambersburg PA
CBHW070709050426
42451CB00008B/573